À l’ombre du ventre

À toi, Laurence

À tous mes frères et sœurs humains
qui dès le berceau ont souffert de la blessure originelle,
celle qui saigne à travers toutes les autres

À tous ces cris de haine,
qui sont nos premiers mots d'amour

À l'ombre du ventre

Véronica Lenne

Éditions Tétras Lyre
Lyre sans borne

La famille, ce havre de sécurité,
est en même temps le lieu de la
violence extrême.

Boris Cyrulnik

Peut-être que le paradis,
ce serait d'être tout entier présent,
sachant qu'on ne va pas vous tuer,
d'avoir le cœur ouvert comme un ciel
et que personne ne va y mettre le feu.
Le paradis, c'est peut-être d'être sans défense,
sans se sentir menacé.

Christian Bobin

Prologue

À la folie

Terrorisé, l'enfant demande :
— Pourquoi tu m'as fait ça ?
Et la mère de répondre :
— Je n'ai rien fait, mon enfant. C'est toi qui as rêvé.
Le lendemain, l'enfant se lève. Il accourt vers sa mère – il n'a qu'elle sur terre.
— Maman, j'ai fait un rêve. J'ai rêvé que j'étais très méchant.
Et la mère de sourire :
— Ce n'est pas un rêve, mon enfant. C'est la réalité.

Je lance tous mes cerceaux

aujourd'hui mon nom est mort
demain peut-être on l'enterrera
ou peut-être pas.

Mythe

Sous la dentelle du berceau
parfois
il ne fait pas beau

ailleurs veille la mère
ici la fileuse aux aguets
prépare son rouet

on voudrait tant croire
qu'elle n'existe
que dans les contes.

Arctique

Que de sourdes sentences
dans ces os glacés

réminiscence
d'encerclements polaires

iceberg prisonnier
entre deux bras de mer

thermostat du cœur
à jamais
déréglé.

Filature

D'album en album
je remonte la filière

trouverai-je un seul geste tropical
un seul regard équatorial ?

ton cercle sud
était encore plus froid
que ton carré nord.

Nervures

Le tout premier sentier
porte et laisse
traces d'antan
sous ton pied

crevasses fleuries
nervures de vie

l'ange boite
par solidarité.

Manifeste

Je défends l'enfant
je défends la mère

l'infinie blessure
            qui les lie
                        je la suture

avec du fil
à couper la peur

je rapatrie les pères   extradés
je dénonce leur lâcheté
– tout duel doit avoir son arbitre –

au tribunal de guerre des générations
je demande
d'abolir le devoir de loyauté
la reconnaissance de la dette de vie
et de rendre caduque
l'alibi qui éduque

pour que soit enfin réhabilitée
la seule mesure vraie
de l'amour reçu
donné

le flot de gratitude
qui irrigue un cœur libre.

Des goûts

Passe-moi le sel
sur la plaie

j'ai vomi du passé
trop acide

l'amère tumeur
de la rancœur
n'est rien
face à son homonyme

t'avaient-ils prédit
pour ta vie
une tarte au sucre ?

Déclaration

En mon cœur je te porte
comme la nausée

je suis l'araignée
et je suis la mouche
prédatrice ou gobée

ma terreur finit
où commence ton envie
au centre de notre dentelle
de haine

funeste fil de la lignée
rouet maudit
piège à phalènes
je dévide ta quenouille d'ébène
poème après poème

jamais prisonnière ne porterai
au cachot de mon ventre.

Matriochka

L'amour
a dénudé
cri après cri
une forêt de haines

le loup n'était pas fou

rouge
la cape gît

il reste à soulever
la grand-mère
la mère
la jeune mariée

pour embrasser

la petite fille

recroquevillée

qui a peur de l'hiver.

Éclipse

Une douleur ancienne
côté soleil
arpente les murailles
de ta ville

elle entre
tu sors

la douve s'emplit d'ombre

jamais vous ne vous croiserez.

Virage

Menace acérée du sang
qui ne fera qu'un tour
tu l'attends au tourment

mensonge aux mille détours
tu alourdis les tempes
où cognait l'amour

tourne la page
non !

pas avant de percer
de chaque caractère
la noirceur du mystère
lire et relire jusqu'au délire
la cinglance d'une enfance
encerclée pétrifiée
balafrée de silence

puis de la terre crever l'écorce
jusqu'au magma tant réprimé
boire à la source brute
longtemps brutalisée

que le ciel faussement serein
se laisse enfin
orager
et que tombe
ce décor glacé

fin des mirages

vis rage !

Intime exil

Nos guerres sont intérieures

la nuit durant
le censeur arpente le château

et s'emballe la valse des miroirs
crisse l'outrage aux semelles

l'aube suffoque sous nos éteignoirs

cet amour-là est antérieur.

La fiancée du vide

Elle t'a laissé son os de colère
à ronger
son éboulis de lourdes lois
à déblayer

pierres tombées pierres tombales
mesquines loyautés tribales

elle a trouvé la faille
dans ton cœur claquemuré
et de son pied de biche
en a forcé l'entrée

pierres tombées pierres tombales
fleurs d'innocence profanées

tu n'aimeras jamais
personne d'autre que moi
elle l'avait juré
sur ton placenta

père tombé   *père tombal*
touché coulé l'axe du mâle

sur son reflet elle s'est penchée
le vide l'a avalée

adieu   *mère tombale.*

Nourrisson

Nourrisson moribond
  cordon noir
  sein blanc

plutôt verdir
qu'avaler ce poison !

nourrie à l'hameçon
la peur à l'appât mord
prêté pour un vomi

nourrisson pourrissant
  qu'on l'enterre
  ventre en l'air

nourrissons empâtés affamés
à la merci de celle
qui nourrit comme on meurt

faute de pouvoir
reprendre la vie
donnée
par
erreur.

Le biberon

J'ai avalé du verre
disait l'enfant
du sang d'encre
des écailles de serpent
et on m'a empêché
de les recracher

j'ai besoin de votre compassion

les adultes riaient
de tant d'imagination

l'enfant a survécu
il rit
il écrit des poèmes

seul sur terre
il prie.

Interlogue

À table

— Il n'est pas bon, mon dessert ? menace la mère.
— Si, si, s'empresse de répondre l'enfant.
Mais il n'y touche pas. Il connaît trop bien ces douceurs-là. Elles collent aux dents, au cœur, à la vie.
— Tu fais ton fier ? Regarde bien ton dessert : ce sera le dernier.
La mère, d'un geste sec, le claque au fond de la poubelle puis se retourne vers l'enfant, main tendue.
— Ça te fera 10 francs, pour t'apprendre le gaspillage.

— Mange ! Allez, plus vite, termine ton assiette.
L'enfant est dégoûté. Il n'a jamais eu faim de cette viande-là.
— Bouffe, je te dis !
La mère aboie. L'animal dans l'assiette tressaille : il va être englouti. L'enfant retient son souffle, avale, déglutit.
Son frère rentre, trop tard pour le dîner.
— J'ai une faim de loup. Ça fleure bon le gigot. Où est ma part d'agneau, mère ?
— Demande donc à ton frère. Ce glouton ne t'a rien laissé !

Sainte famille

Incrédule
hagard
l'enfant recule

la table est vide

ils ont mangé sa part
          œil acide
          renvoi hilare

le mot qui tue est décoché

le cri qui sauve est ravalé
cœur qui cogne court se cacher

à douleur sourde
          destin muet.

Indigestion

Mourir de faim dans le verger du diable

je ne veux plus de vos fruits minables
mon âme a faim d'un autre pain
mes lèvres ont bu un autre ciel

adieu demain à vous le sable
vous me parlez de l'océan
havre béni
dissolution
j'ai oublié le goût du sel

l'envie de vie se mange elle-même

les mirages avalent le soleil
sous mon œil endurci

j'attendrai la source ici même
et tant pis si je meurs engloutie.

Errance

Pollens venus d'ailleurs
agglutinés
à la pâte du cœur

souffrances sans frontières
battant pavillon noir
pressées d'accoster
quelque part

oubliez ce corps poreux

c'est le cri du pistil
du phare

axe d'espoir
rêve d'une ancre
identitaire.

Le prix fort

À la crampe tu te cramponnes

— il tourne fou
le gouvernail du ventre —

ceux qui t'ont tout pris
n'auront pas tes larmes
n'auront pas ta vie.

Haute mer

Ton cœur cogne sec
contre l'écueil qu'il cache

tandis qu'à terre
tu négocies ta servitude
la grand-voile déchirée
hurle son enfance

tu te débats
entre un énième sabordage
et l'envie battante de danser
l'orage.

Amertume

Vengeresse
à l'œil sourd et menteur
la folie obscurcit
le ciel de mes envies
– ma vie

tu as foulé tous mes sentiers
de ton pas noir
si lent
que les oiseaux en parlent encore
– trop fort

le soir
lentement se balance
à ma branche
va-t-il tomber sur mes étés
nos hivers ?
– je dors

jamais mes coquelicots ne se relèveront.

Prison

Le mur gris
            suppure
les scories d'une vie
à abattre

la haine
se mord la queue
et met à son chapeau
la plume
                        muette

pas un cri
à l'heure de l'impossible ablation

rien
            ni fumée
            ni flacon
ne te délivrera
                        de toi.

Plume

Plume apeurée
dans le vide ventilé
dessous l'âme
tu as dû apprendre à t'écrire

plume raidie
de l'encrier au cartable
et du cartable à l'encrier
morte vie
étendues de sable blanc quadrillé
où tu traçais tes plans d'évasion

plume forcée
tu écris double
ma mère et moi
puis réparée
amer émoi

plume acérée
tu mutiles la peau
de poèmes rouge vif
qu'on recoud sans les lire

plume déplumée
tu n'écris plus tu cries
dans le vide étoilé
dessus l'âme

suffit-il d'écrire le mot rage
pour être libéré ?

Rugis !

Poli jusqu'à la colite
trop peureux pour être heureux
tu souris comme on capitule
ou comme on monte aux barricades

la vie est à monter
tes crampes sont tes crampons
les hommes sont des loups
ta dépression est un mouton
il faut se battre pour être aimé
tes mots sont des balles à blanc

pauvre toi ! pauvre lion !
le dompteur est mort
depuis deux mille ans

tu es ta seule cage.

Spectre

Ma peur capture l'obscur
en fait son mobile

sans elle
la nuit serait mère
de toutes couleurs.

La cage

J'ai retrouvé la cage
où se cachaient l'oiseau blessé
les caresses de la momie
le baiser de l'araignée
à côté des regards dépeceurs
des sourires éventreurs

thoracique est son nom

je renonce à la clé rouillée
enterrée au fond du cauchemar

car j'ai trouvé la clé magique
au bord de ton regard
sur les rives du mien

clé bénie de cristal
lacrymal.

Amniotique amnésie

Entre l'horreur de naître
et la merveille d'être né
l'oubli fait son travail
de guetteur

de nos guerres amniotiques
nous reste l'illusion
d'idylliques fusions
corps à cœur

puis un beau soir la nuit aborde
au rivage de nos heures
y jette l'ancre
de sa mortelle question :
être au monde est-il
bénédiction ou bien déréliction ?

plongeons frères humains
au ventre même de nos ambivalences
perçons de nos deux mains
l'archaïque l'originelle
poche des enfers et du ciel

afin qu'entre l'horreur de naître
et la merveille d'être né
l'amour puisse faire son travail
d'orpailleur.

Mûrissement

Toutes laves ravalées
la rage par l'âge délavée
nos branchages amers élagués

dès l'aube nous partirons
            la langue étourdie
                        par la valse
                                    d'aimer
germer des mots nouveaux
            sentinelles de blé
            à l'ovale
            de nos jours

plus jamais les saules
ni leurs pleurs tortueux
qui engloutissaient
                        bibles et hublots.

Avalanche

Et la haine soudain
            a roulé

l'éboulis
de larmes et de cris
pétrifiés
a dévalé de sa langue d'acier
            le talus
                        d'un silence

dans le vallon d'une épaule
la neige
                        fatiguée
se fond à sa brûlure
première.

Deuil

Terres brûlées
vaisseaux engloutis

même noirs
même morts
vos ventres
m'ont portée

même d'aube
même en blé
qu'il est lourd
de vous quitter !

À reculons

Enfance
pays grillagé de toutes les offenses

au bout de ton tunnel
nous attend
un visage

notre propre visage
avant que nos parents
soient nés.

Icône

La tristesse infinie
aura-t-elle une fin ?

les ombres de Marie
seront-elles englouties
dans la douce échancrure
d'un destin ?

merveilles de tendresse
ou trahisons amères
ton amour blesse
divine mégère
l'enfant qui cherche la lumière

ton sein trop plein s'engouffre
dans sa béance
regarde il souffre
de la surabondance
du manque

overdose d'été
en hiver.

Aquarelle

Au pays rouge
un lis blanc
cousu d'herbe verte
arrose tendrement
                                        la toile
de longues douceurs rosées

nuanciер de l'amour
                    revisité
contours après contours
                                        dilués

j'offre mon point de croix
                    serré
aux broderies du passé.

Durer

Apprends-moi à voler
sur ton rire

mon enfant ma ride

vois ta mère encordée
au lourd chapelet
de ses peurs.

Interlogue

La fête des mères

— Regarde ! Je t'ai fait un cadeau ! dit l'enfant, tenant précautionneusement entre ses deux petites mains un cœur tout blanc, maladroitement emballé dans du papier doré.
— Combien de fois devrai-je te répéter que je déteste le doré ! crache la mère. Je n'aime que l'argent. Et puis va t'essuyer les pieds. Tu salis ma maison.

Un cœur était entier. Il est cassé. Pourtant le cadeau n'est pas tombé. Jamais personne ne l'a ouvert.

Jusqu'à satiété

Trop petit
tu digères à demi

puis vient le jour où tu décrètes
indigestion ou digestion complète

la lie d'amère vérité
ne t'a pas tué
— le rejet se trahit lui-même

tu inclus tous les pièges

loyale est ta joie

tu te bénis
et sors du cinéma.

Semeur

Ton ciel
            rentre sous terre
ciel trop vert
chansons mortes des lavandières

            à la lisière
            du ventre
            hurle
            une dernière lune

sourde   insondable
ton ombre ensemence
            de lucioles
la stérile clarté.

Le temps des lunes

I

Loin
des astres empaillés
partons mes sœurs
boire la lune vraie
ceinturée d'opale

laissons couler le lait mes sœurs
laissons partir nos sangs

loin
des battues au clairon
sur nos terres d'hier
fuyons mes sœurs
humer clairières et terriers
mémoire de nos chairs
fertiles

laissons couler le lait mes sœurs
laissons partir nos sangs

elle décante en nous la puissance tapie
sorcière de l'humide
sorcière de vie

savante d'avoir tout oublié

laissons tarir le lait mes sœurs
laissons mourir nos sangs

puis

au bord de la rivière rouge
assoyons-nous
mes sœurs
posons nos larmes

célébrons à voix nue
ce grand vent
qui glisse
et
assèche.

II

Loin
de nos mères d'asphalte et d'acier
partons mes sœurs
colorier les chemins
en inventer

la plante de nos pieds
est si belle

nos ventres chantent
des cadences oubliées
loin
de leurs bouches d'ébène
osons la vie
puissante et frêle

la vie se jette au monde
à travers nous

la vie mes sœurs !
ce bain d'argile et d'éther
nous réclame jusqu'au cou

allons-nous redouter
des siècles encore
son toboggan d'amour fou
qui nous précipite
toutes crues
dans l'intime
athanor ?

Résilience

La lèpre de mon cœur
a dansé
au bal de l'innommable

sous des confettis de douleur
et des copeaux de peur
l'âme estropiée s'est relevée

dans l'aube indemne *un poignard*
enterré
ose sa première feuille
son premier bourgeon.

Bifurquer

Dans le corridor glacial des choix
j'ai chaud
pour la première fois.

Miséricorde

Du rose
espoir inespéré
après mille ans de peine
jailli, ressuscité
d'un gouffre de gangrène

triomphe
de l'infinie douceur
sur la peur
et la haine.

Déesse

Tu te relèves et brilles
amazone en guenilles
sur la tige d'un nouveau regard
tendresse que rien ne plie

la force est femme

demain tu pars
chercher le sein
que tu t'étais coupé.

S’ouvrir

Cueillir la pointe
où elle s’enfonce
au creux du labour
dans la détresse ensoleillée

oser le sillon d’une larme
autour d’un cœur
où crépite allègrement la douleur

te souvient-il du temps où la fleur
se fermait
pour souffrir ?

Potion maligne

I

Tu crachais tes hommes chaque matin

sous mes peurs d'organdi
tapie
rougit une fleur béante

à l'ombre du ventre
loin de tes bouches blindées
j'aurais pu être une femme.

II

Tu buvais ta mère chaque soir

infusion d'illusoire sainteté en bouilloire

– délivrez-nous du mâle
ta perfusion de haine
perforait chaque veine
de mon âme

alors j'enfilai des prières
par milliers
et ces colliers d'espoir nacré
je te les offris tous
          jusqu'au dernier

jusqu'au matin où tu saisis
la gomme géante de la folie

          et ne pouvant gommer ton ombre
     tu effaças du ciel
mon soleil.

III

Il est midi

la relève du vent

le testament de l'océan
          du mythe de l'océan

terre nouvelle à tribord !

posez vos rames
et lancez votre chant

le ciel se pâme

devant tant de bleu outre-mère

femme je ne suis pas née
je le suis devenue
de t'avoir traversée.

Épilogue

Le gâteau

À chaque printemps, elle voulait lui faire un gâteau
d'anniversaire.
Gâteau d'amour pour fille chérie.
Délicieuse recette !
Mais tristesse, les placards étaient vides.

Qu'importe ! Le désespoir est créatif.
Sel devint soude
sucre devint vice
lait devint fiel
un soupçon de déni
une larme d'amer
et voilà le gâteau presque prêt.

Diantre ! Il lui manque l'ingrédient principal !
Sept cents grammes d'amour blanc tamisé.
Tant pis.
Ce vieux paquet de haine séchée d'avant-guerre fera l'affaire.
Hop ! Le tour est joué.
Il ne reste qu'à enfourner.
Mais où ? Le four est cassé. Aucune chaleur dans le foyer.

Qui a dit qu'un gâteau succulent ne pouvait cuire dans les
flammes de la chaudière ? Les hommes rôtissent bien en enfer !
Trois jours, quatre nuits de cuisson, le gâteau est servi.

L'enfant a tout mangé
année après année.
Qui eût pu décevoir une mère aussi dévouée ?

Lente fut la digestion – elle lui prit trente ans –
cuisantes les brûlures – le ventre de l'enfant s'en souvient.

L'antidote lui tomba du ciel dans le creux de la main :
une plume blanche à tremper dans un sang d'encre
– l'enfant écrit pour éloigner la mort, son dédain, ses dégoûts –
une plume d'or à tremper dans une larme blanche
– l'enfant écrit pour retrouver la Vie, son véritable goût.

L'histoire s'arrêterait ici qu'elle serait déjà belle.
Mais écoutez plutôt ceci !

La mère – Dieu ait son âme – mourut par un froid matin d'hiver
tendrement bercée dans les bras du destin
sans avoir jamais goûté au gâteau noir confectionné.

Elle légua à sa fille une vieille enveloppe trouée dont sortit une feuille amaigrie, criblée de mots et de ratures.
Gâteau d'amour pour fille ~~chérie~~ haïe.

Ô merveille !
Par ce matin glacial, l'enfant reçut enfin la recette, la vraie, l'originale, déchiffrable malgré les biffures.

Il fit un gâteau pour sa mère, lui porta une part au cimetière, en mangea deux, se régala.
Et le reste il distribua
à tous les cœurs affamés
d'humanité.

À l'ombre du ventre a été composé en Linux Libertine et a été achevé
d'imprimer en janvier 2020 à l'imprimerie
Henroprint sur du papier Munken Lynx.

FÉDÉRATION
WALLONIE-BRUXELLES

Publié avec le soutien de la Fédération Wallonie-Bruxelles et du Fonds national de la littérature

Illustration de couverture : Vicky Wattiaux

31 rue des Croix de Guerre
4020 Liège

www.editionstetraslyre.be
ISBN : 978-2-930685-51-9
Dépôt légal : D-5436-2020-2